带你去逛博物馆

中国国家博物馆

玉兰童书　著

河北出版传媒集团
河北少年儿童出版社
·石家庄·

目录

22

26

30

34

38

「后母戊」青铜方鼎

「虢季子白」青铜盘

金缕玉柙

击鼓说唱俑

三彩釉陶载乐骆驼

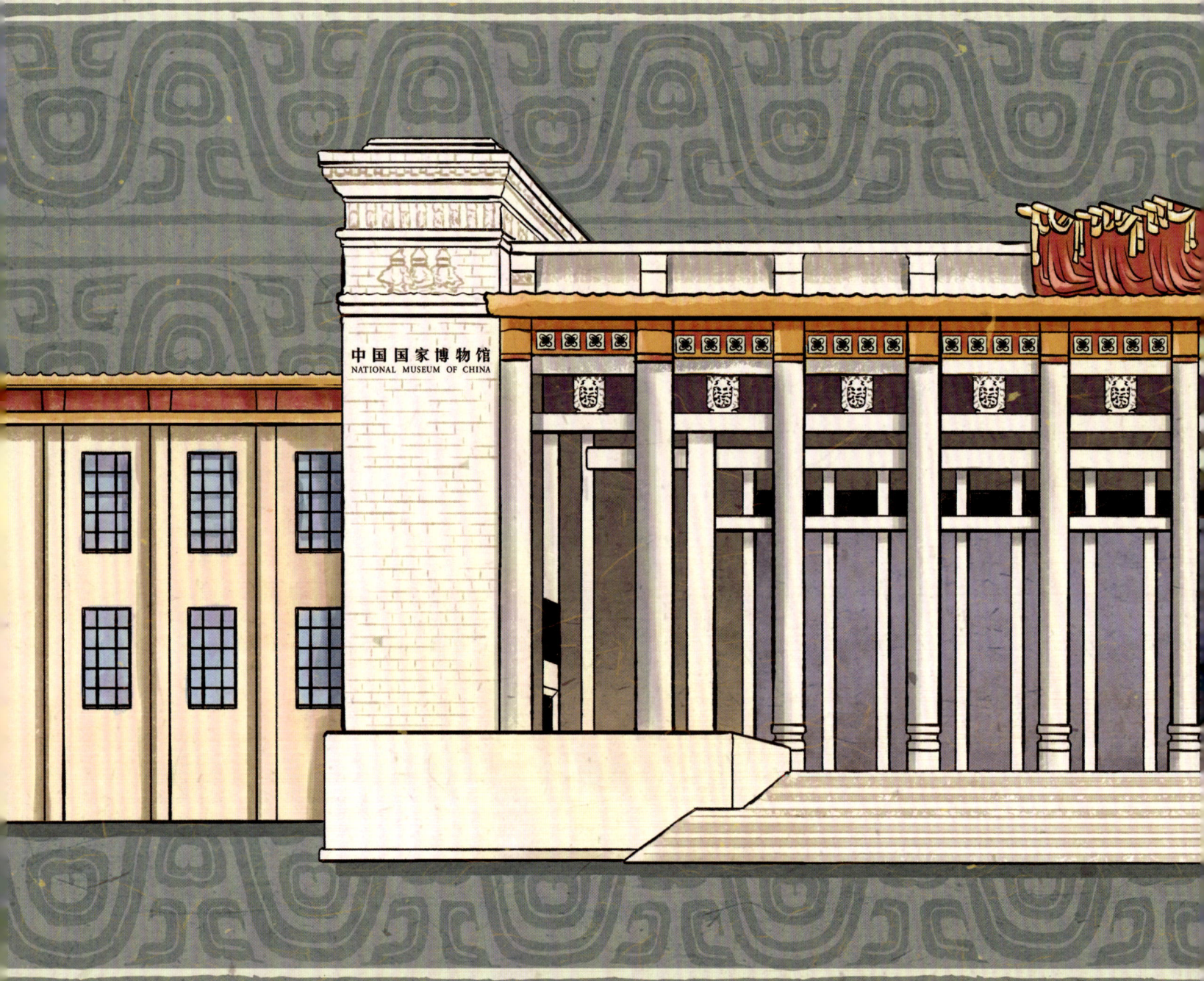

中国国家博物馆
NATIONAL MUSEUM OF CHINA

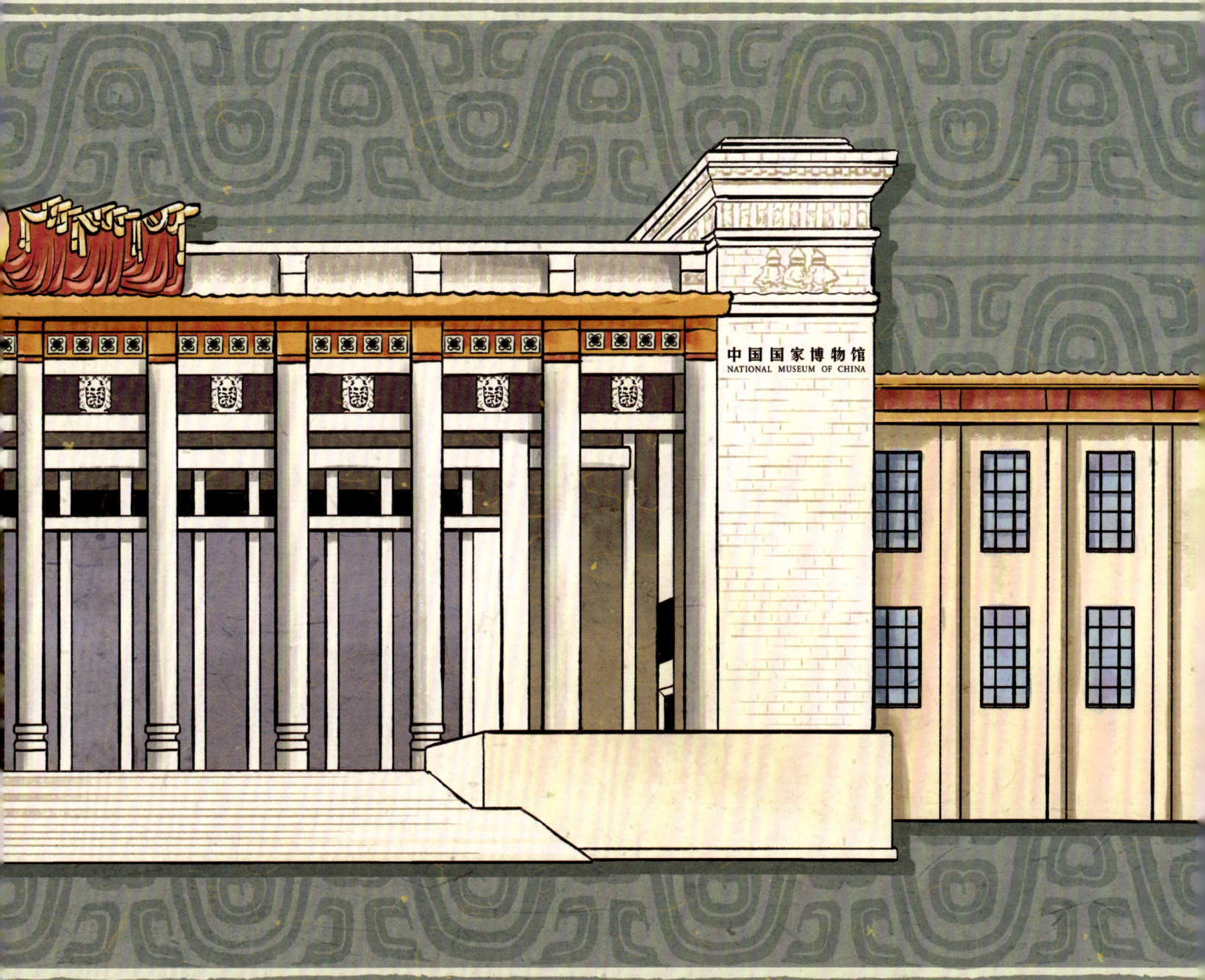

中国 国家 博物馆
NATIONAL MUSEUM OF CHINA

人面鱼纹彩陶盆

【出土信息】1955 年出土于陕西省西安市半坡。

【国宝简介】新石器时代陶器，距今约 6800 ～ 6300 年。高 16.5 厘米，口径 39.8 厘米，由细泥红陶制成，敞口卷唇，口沿处绘间断黑彩带，内壁以黑彩绘出两组对称人面鱼纹。

双耳部位有相对的两条小鱼分置左右，从而构成形象奇特的人鱼合体。

在两个人面之间有两条大鱼，好像在相互追逐。

嘴巴左右两侧分置一条变形鱼纹，鱼头与人嘴外廓重合，似乎是口内同时衔着两条大鱼。

口径 39.8 厘米

高 16.5 厘米

这个盆是干什么用的?

　　盛汤?洗衣服?储存粮食?其实都不是。这种人面鱼纹陶盆其实多是作为儿童瓮棺的棺盖来使用。

鱼神,保佑我们来年有吃有喝,不要饿肚子。

为什么这个盆上会有鱼纹?

　　人面鱼纹彩陶盆是半坡彩陶的代表作。半坡人居住的地方靠近水,渔猎是他们生活中非常重要的部分,所以他们对鱼很崇拜,喜欢在彩陶器上绘上鱼纹和网纹图案。

五六千年前中国人就会制作陶器了

　　人面鱼纹陶盆在新石器时代大量出现在黄河流域，说明五六千年前，我们的先民已经较好地掌握了制造陶器的技术。

半坡人巧妙的半地穴式建筑

　　半坡人可是很聪明的，他们建的房屋很巧妙，这种房屋一半在地下，一半在地面上，不仅坚固耐用，而且用挖深坑的方式来使房屋的空间更大，被称为半地穴式建筑。

半穴居房屋

鹰形陶鼎

【出土信息】 1958 年出土于陕西省华县太平庄。

【国宝简介】 新石器时代陶器，距今约 7000 ～ 6000 年。高 35.8 厘米，口径 23.3 厘米，通体由细腻的泥质陶打造而成，呈仁足站立的雄鹰造型，鹰体健硕，双腿粗壮，鹰眼圆睁，喙部呈钩状。

国博里"小萌宠"

　　一般提到国宝，你可能会想到"高贵""神秘""庄严""古老"等词。可是在国家博物馆，却有一件超级呆萌的国宝——鹰形陶鼎，它来自遥远的新石器时代，是仰韶文化不可多得的艺术珍品。

正面：

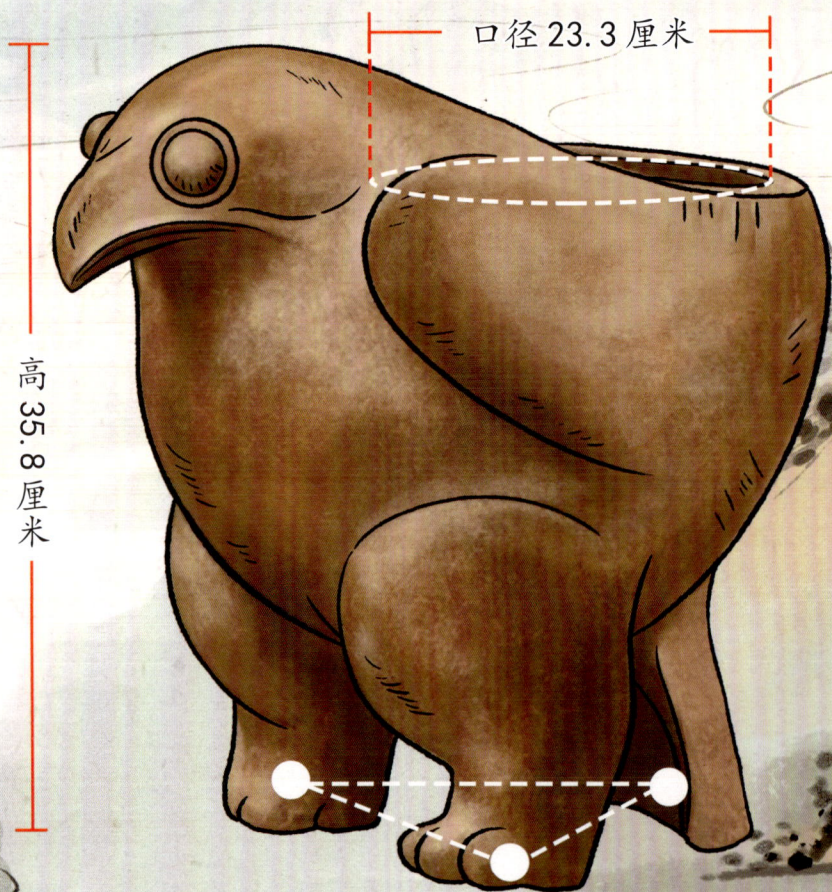

口径 23.3 厘米

高 35.8 厘米

三"足"鼎立

　　仔细看，鹰的两条颇为粗壮的腿站立着，尾部也下垂至地，鹰腿和尾部构成了三个稳定的支点，成鼎足之势，撑起整个鹰体。为什么陶鼎要做成三"足"鼎立的姿势？我们知道，三角形是最稳定的，而且三"足"鼎立的姿势也隐含着先民希望社稷稳定，部族兴旺的美好愿望。

到底是老鹰还是猫头鹰？

这件国宝名叫鹰形陶鼎，有的专家认为这个"鹰"是老鹰，而有的专家则认为是猫头鹰。到底是老鹰还是猫头鹰，目前还没有定论，但是根据这只"鹰"凌厉的样子，我们可以推断它的原型是一种猛禽。

目前唯一一件鸟类造型的彩陶

鹰形陶鼎是六七千年前新石器时代仰韶文化的陶器。目前出土的那个时期的彩陶器物挺多的，但以鸟类为造型的也就鹰形陶鼎这一件，可见其珍贵程度。以鹰形陶鼎为代表的动物造型陶器，开启了商代鸟兽形青铜器造型的先河。

盛水还是装食物？

　　鹰形陶鼎的鼎口在顶部，鼎内有一定的深度，古人用它来做什么，是盛水，装食物，还是仅仅用于祭祀？现在都还没有定论。但可以肯定的是，六千年前的先民不仅讲究器物的实用性，对器物的造型美观也有了一定的追求。

这是用来装水的还是装食物的？

它的主人很高贵

鹰形陶鼎是从一位成年女性的墓葬中挖掘出来的。除它之外，墓葬中还有骨匕、石圭、石斧和其他生活器皿。考古学家推测，这位墓葬的主人身份应该很高贵，否则不会有这么精巧的鹰形陶鼎作为随葬品。

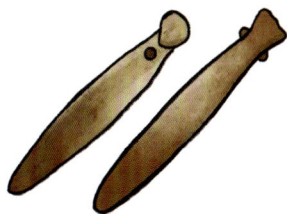

骨匕

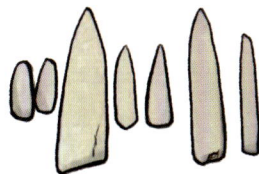

石圭

石斧

申奥萌物

1993 年，中国第一次申办奥运会，当时的国际奥委会主席要挑选一件中国文物到瑞士展出，他挑的正是这件可爱的鹰形陶鼎。为什么他会看中鹰形陶鼎？因为它的造型看起来力量感十足，似乎带着一股体育精神。

国宝成了鸡食盆

你知道吗，这件珍贵的国宝是被一位农民发现的。他把鹰形陶鼎带回家后，居然放上鸡食，当作鸡食盆用来喂鸡了。

红山玉龙

【出土信息】 1971 年出土于内蒙古自治区翁牛特旗赛沁塔拉遗址。

【国宝简介】 新石器时代玉器，距今约 6000 ～ 5000 年。高 26 厘米，直径 2.3 ～ 2.9 厘米，通体呈墨绿色，身体蜷曲，由一整块岫岩玉雕琢而成。

来自新石器时代的玉龙

你觉得这件玉龙像哪个字母？没错，它很像字母 C，所以也被称为"C 形玉龙"。玉龙的头部是一个很明显的龙头，颈部有一个凸起物，看起来是不是很像马长长的鬃毛？

中华第一龙

这件精美的玉龙是新石器时代红山文化的玉器，是在中华大地上发现的最早的玉雕实体龙，被誉为"中华第一龙"。

高 26 厘米

直径 2.3 ～ 2.9 厘米

玉龙到底是做何用的？

我们仔细看，会发现玉龙的脊背上有一个小圆孔。考古学家用绳子穿过圆孔，把玉龙悬挂起来，龙的头尾恰好处于同一水平线上。原来，小圆孔的位置正好是整块玉器的重心。因此，有人猜测，玉龙可能是先民身上的挂饰。但也有人认为玉龙高达 26 厘米，做配饰显然是不合适的，因此推测可能是用于祭祀的礼器。

你这挂饰也太大了……

猪龙还是熊龙？

我们再来看看玉龙的龙头部分，吻部前噘，长鬣（liè）飘扬，有人说和野猪很像，有人说像马，还有人说像熊，你觉得像什么呢？也有人说，几千年前，红山先民根据对各种动物的观察，把龙想象成几种动物复合而成的神兽，从而创造出一种前所未有的艺术形象。

新石器时代的先民戴上了玉饰

在国家博物馆，还有一件高 4.4 厘米、宽 3.8 厘米的红山文化玉器——卷龙。卷龙可比红山玉龙小多了。在红山文化大墓中，卷龙多位于墓主的身躯上面，可能穿绳佩于胸前，应是当时的一种礼仪用玉和宗教用器。考古学家在红山文化墓葬中发现了很多玉器，这些玉器很多都是动物形象，比如乌龟、鱼、鸟等，而且个体都较小，且有穿孔，看来新石器时代的先民就已经用玉器做饰品了。

从简单到复杂的龙

　　龙，是我们的先民想象出来的一种动物，红山玉龙只是龙的原始形态，后来，龙的形象不断演变，成为现在的形象。那龙在几千年前是什么样的？红山玉龙让我们知道，原来几千多年前的龙是这个样子的。是不是比现在的龙的形象要稍微简单一些？

你看起来比我有气势啊！

龙的形象取材于九种动物

龙是由九种动物的形象融合而成的，并不是一种单一的动物形象。宋人罗愿对龙的描述是：角似鹿、头似驼、眼似兔、耳似牛、项似蛇、腹似蜃、鳞似鱼、爪似鹰、掌似虎。这就是所谓的"九似说"。宋代以后，龙的形态就基本定型了。

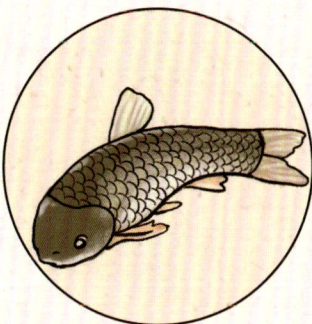

四神兽

龙一直都是祥瑞的象征，它是中国古代的四方神兽之一。这四方神兽分别是青龙、白虎、朱雀、玄武，传说它们镇守在东西南北四方，寓意着四方的和谐与平衡。

鹳鱼石斧图彩绘陶缸

【出土信息】 1978 年出土于河南省临汝县（今汝州市）阎村。

【国宝简介】 新石器时代陶器，距今约 7000～5000 年。高 47 厘米，口径 32.7 厘米，底径 20.1 厘米，直壁平底圆筒状，外表呈红色，有一幅彩绘。

口径 32.7 厘米

高 47 厘米

底径 20.1 厘米

好生动的一幅画

这件彩绘陶缸是仰韶文化陶器。让人想不到的是，几千年前的古人就能画出如此生动的彩绘画。画面左侧为一只白鹳，它圆圆大大的眼睛炯炯有神。而白鹳嘴里的那条大鱼则毫无生气，因为可怜的它被白鹳紧紧衔住，动弹不得。画面的右边还有一柄石斧，石斧上有不同形状的符号。

中国目前发现的面积最大的一幅陶画

鹳鱼石斧图上虽然只有简单的一只鸟、一条鱼、一柄石斧，但它的价值并不简单。它是迄今为止，中国发现的面积最大的一幅陶画。

我可是中国目前发现的年代最早、面积最大的一幅陶画。

非专业"画师"

这些在陶器上绘画的人是专业的画师吗？不是。原始社会时期的画匠其实和其他人一样，白天采集、狩猎与捕捞，只是他们可能有画画的天赋和很强的观察力，能敏锐地捕捉到动物的形态特征，并把它们画下来，因此，部落里需要有人画画的时候，他们就能够大显身手了。

中国画的影子

这件陶缸之所以价值如此高，是因为鹳鱼石斧图有了"中国画"的影子。这幅画中的一些技巧和后代中国画的一些绘画手法不谋而合，所以有专家认为它是中国画的雏形。

伊川缸

想不到吧，这么漂亮精美的彩绘陶缸居然是仰韶文化瓮棺葬葬具，它们主要作为成人葬具来使用。在河南省伊川县附近，还发现了很多仰韶时期的成人瓮棺葬陶缸，因此，考古学家把在伊川附近发现的功能一样的陶缸统称为"伊川缸"。鹳鱼石斧图彩绘陶缸也是"伊川缸"家族中的一个。

首领的葬具

考古学家发现了一些仰韶文化的陶缸，但大多数造型都很简单，而且也没有华丽的彩绘，为什么鹳鱼石斧图彩绘陶缸外壁有如此复杂的施彩？专家认为这件陶缸是氏族首领的葬具，所以和一般的陶缸不一样。而且彩绘中还有一柄石斧，石斧在新石器时代既是武器又是权力的象征。

我死后就葬身于此了。

我的归属可就要高级多了。

我可远远不止
5双手套的价值！

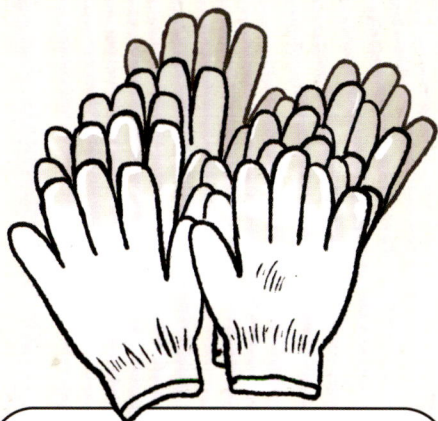

鹳鱼石斧图在表达什么？

考古学家认为这幅图其实在讲"部落斗争"。画中的鹳和鱼分别为两个敌对氏族的图腾，白鹳紧紧地叼着一条鱼，而鱼没有丝毫挣扎，表示以白鹳为图腾的氏族在部落斗争中取得了决定性的胜利。

5双手套的奖励

这件国宝是被河南的一位文物爱好者发现的，他主动把这件国宝上交给当地的文化馆，文化馆为了表扬他的文物保护意识，特意奖励了他5双手套。

四羊方尊

【出土信息】 1938年出土于湖南省宁乡市黄材镇。
【国宝简介】 商代晚期青铜器。上口最大径44.4厘米，高58.6厘米，重34.6千克。尊大却精致，四角各塑有一只羊，因此得名"四羊方尊"。

体型最大的商代青铜方尊

四羊青铜方尊是商代晚期青铜礼器，属于祭祀用品。它可是现存商代青铜方尊之中体型最大的。肩部四角是四个卷角羊头，羊头和羊颈伸出器外，羊身与羊腿附着于尊腹部和圈足上。四羊与器身巧妙地结合为一体，显得这件器物十分地精巧灵动。

上口径44.4厘米

高58.6厘米

连纹路都如此多样

为什么四羊方尊被称为"臻于极致的青铜典范"？因为它除了造型精美绝伦，连纹路都颇费心机。如果靠近四羊方尊仔细看，就会发现，它身上的纹路还各不一样呢，有凤鸟纹、夔龙纹……各种各样的纹饰让四羊方尊看起来精美华丽、雄浑厚重。

为何用羊的造型？

在古人眼里，羊是一种非常吉祥的动物，"羊"即"祥"，"吉羊"也就是"吉祥"。而且，羊有"跪乳"的习性，小羊羔在喝奶的时候，有跪下接受母乳的感恩之举，所以羊也被视为善良知礼、懂孝义的代表。由于古人喜爱羊，羊的造型经常出现在古代的器物上。在国家博物馆，还能看到东晋的青瓷羊形烛台、明朝的青花三羊开泰纹仰钟式杯等以羊为造型或有羊的图案的器物。

青瓷羊形烛台　　　青花三羊开泰纹仰钟式杯

> 这么多不一样的纹路啊！

种红薯时挖出四羊方尊

　　四羊方尊是怎样被发现的？1938年春天，在湖南省宁乡市黄材镇的一座山上，姜家兄弟在种红薯，用锄头挖地时，忽然听到哐当一声，像是金属碰撞声。他们把土扒开，呈现在他们面前的是一件硕大的金属器物，这便是传世国宝"四羊方尊"。

当作笔筒的四羊方尊

　　四羊方尊被发现后，虽然大家知道它是个不寻常的宝物，但是并不清楚究竟有多大的价值，曾经它还被人用来装笔，做过几个月的笔筒。

最悲惨的顶级国宝

　　为什么说它是最悲惨的"顶级国宝"？抗日战争时期，四羊方尊在一次日寇空袭中，被震碎成十几块碎片。后来，文物修复专家对它进行了修复，我们才能看到现在完整的四羊方尊。

正面　　　　　　侧面　　　　　　背面

· 妇好鸮尊

商后期华美的青铜器

商代后期，青铜器发展到了高峰。这个时期的青铜器不像以前那么简朴，而是非常富丽堂皇。青铜器上有很多的纹饰，有的纹饰铺满器身，看上去十分华贵。

贵重的青铜器多用于祭祀

青铜因为贵重，曾一度被称为"金"。由于商人十分重视祭祀和占卜，所以他们会在祭祀仪礼等重大活动中使用青铜器，青铜器也成了重要的国家礼器。

"后母戊"青铜方鼎

【出土信息】 1939年出土于河南省安阳市武官村。
【国宝简介】 商代后期青铜器。通高133厘米，口长112厘米，口宽79.2厘米，四足方腹，鼎身以云雷纹为底，四周铸饕餮纹，柱足上部为浮雕式饕餮纹。因其腹部内壁铸铭"后母戊"——商王母亲的庙号，所以被称为"后母戊"青铜方鼎。

镇国之宝

"后母戊"青铜方鼎形制巨大、雄伟庄严，重832.84千克，是目前已知中国古代最重的青铜器，享有"镇国之宝"的美誉。

口长 112 厘米

我可是青铜器中的巨无霸！

高 133 厘米

"巨无霸"大鼎

"后母戊"青铜方鼎可以说是青铜器中的"巨无霸"。这足以说明商代后期已经有极高的青铜铸造技术了。

两三百名工匠才能铸造出来

　　"后母戊"青铜方鼎重达 832.84 千克，制作它所需要的金属原料则要超过 1000 千克，且要由大约两三百名工匠密切配合才能铸造完成。"后母戊"青铜方鼎器身与四足为整体铸造，鼎耳则是在鼎身铸成之后再装范浇铸而成。

土槽

土槽

土槽

浇铸孔

为祭祀母亲而铸造

　　考古学家推定，"后母戊"青铜方鼎的铸造年代相当于商王朝第二十三位国王武丁在位时期。据甲骨文记录，武丁有三位妻子，其中一名即"戊"。故"后母戊"鼎应是商王武丁的儿子为祭祀生母而铸造的。

你们给我造个最大的鼎，我要向我的母亲表孝心。

权力的象征

一言九鼎、鼎立千秋……这些与鼎有关的词语是不是都透着一股厚重、庄严、尊贵的气息？的确，鼎在青铜时代是权力和国家的象征。青铜鼎是商周时期最为重要的礼器，在一些重要的祭祀场合，都能看到鼎的影子。

青铜不全是铜

青铜可不全是铜这一种金属，而是含有铜、锡、铅等化学物质的合金，只是铜占的比例最大。这种合金未氧化时呈金色，氧化后呈青灰色，因此被称为青铜。

二次埋葬的国宝

　　"后母戊"青铜鼎被挖出来后，又被第二次埋到了地下。这是为什么呢？因为当时处于抗日战争时期，人们怕日军抢走这件惊世珍宝。抗日战争胜利以后，人们又小心翼翼地把它从地下挖了出来。

这宝贝可别让日军找到了！

"虢季子白"青铜盘

【出土信息】 清朝道光年间出土于陕西宝鸡虢川司（今属宝鸡市陈仓区）。

【国宝简介】 西周时期青铜器。长137.2厘米，宽86.5厘米，高39.5厘米，长方形，直口，方唇，腹壁斜下内收，微鼓，四壁各有一对兽首衔环身。

宽86.5厘米　　　　　　长137.2厘米

高39.5厘米

像浴盆一样大的铜盘

　　"虢季子白"青铜盘是一件来自三千多年前西周时期的青铜水器，它和现在的浴盆大小差不多，真的可以用硕大来形容。铜盘呈长方形，平底，口大底小，四角为圆弧状，有四个曲尺形的足。铜盘四壁外侧通体铸有精美的花纹，上部的花纹和下部的花纹还不一样。铜盘给人敦厚大方、庄重肃穆的感觉。

底部有111个字

　　铜盘内底铸有古篆铭文8行111个字，记载了作器者虢季子白率军与外族作战的故事。"虢季子白"青铜盘的名称就来自于盘底铭文首句"虢季子白作宝盘"。

它其实是一件贵重的纪念品

　　"虢季子白"青铜盘中的"虢"是指虢国。虢国是周代的一个诸侯国。西周宣王十二年，虢国的子白带领军队斩杀敌军五百人，俘虏五十人并献俘于周王。周宣王重重地嘉奖了他，不仅赐他良弓骏马，更为他设宴庆功。虢季子白为纪念这件事情，特意制作了这个青铜盘。

重赏子白！

七八个成年男子才能搬动

　　这个青铜盘体型巨大，重215.3千克，如果你的体重是40斤左右，那么这个铜盘有足足十个你那么重，需要七八个成年男子才能搬动。

这马槽为何如此特别？

谁发现了这件宝物？

　　清代同治年间，直隶提督刘铭传率军镇压太平天国运动，攻下常州城，住进城中护王府内。一天晚上，他听到了金属叩击的声音，声音不大却很有穿透力。刘铭传很好奇，就去查看。他来到马厩，发现原来是马笼头上的铁环撞击马槽发出了声响。他俯身细看这个硕大的马槽，觉得它很特别。第二天刘铭传命士兵将"马槽"刷洗干净，发现这个"马槽"外壁布满纹饰，底部还刻有西周铭文。刘铭传心想这一定是个宝物，于是马上命人把它运送回老家仔细珍藏。后来他还在老家的宅园中为它专建一亭，取名"盘亭"。

青铜器上的铭文

商周时期，中国青铜文明逐渐鼎盛，青铜器种类繁多，工艺也十分高超，有的青铜器上还带有文字，这些文字记载了铸造该器的原因、所纪念或祭祀的人物等信息。我们把这些刻在青铜器上的文字称为铭文。早期青铜器上面的文字比较简单，有的只记姓名，有的只记年月；后来文字逐渐增多，有的甚至专门记载某一事件，比如这件"虢季子白"青铜盘上就有上百字。

青铜贝币上的铭文

青铜器的铸造工艺：范铸法

第一步制模： 先用干净又细腻的泥土做一件模型，然后烘干。

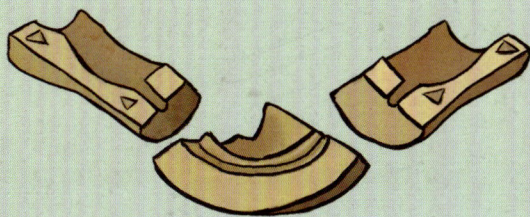

第二步翻范： 在烘干的泥模表面涂上油脂或草木灰，再用较厚的泥片覆在模上使劲按压，这样泥模上的形状、花纹都被印在了这层厚泥片上。在泥片半干时，将泥片分成小块从模上取下，再烧制成陶范。

第三步合范： 把最先烧制的泥模表面刮去一层做内范，再将烧好的陶范围着内范，合拢成一个外范。内外范之间的空隙就是器物的厚度。

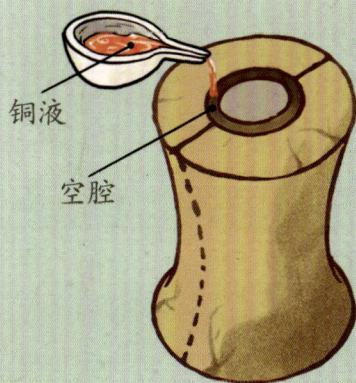

铜液

空腔

第四步浇注： 在内外范之间的空隙注入铜液。等铜液凝固、冷却以后，打碎内外范，出来的就是铸好的器物啦。

第五步打磨： 当然，为了使青铜器更加精美，工匠还会用鹅卵石等对其打磨修整，使青铜器更加美观。

金缕玉柙

【出土信息】 1973 年出土于河北省定县八角廊村 40 号汉墓。

【国宝简介】 西汉时期玉器。长 182 厘米，共用玉片 1203 片，金线约 2567 克。玉柙主人为中山怀王刘修，是著名的河北满城汉墓墓主刘胜的后代，死于公元前 55 年。

外观像人的衣服

这件衣服是不是看起来很奇怪？完全就是一个人型，而且头也包裹在里面。人怎么呼吸呀？原来这不是一件普通的衣服，而是金缕玉柙，又叫金缕玉衣、金缕玉匣，是汉代皇室和贵族下葬时穿在身上的殓衣。

头罩

脸盖

上衣前后片

左右袖筒

玉衣的组成部分

　　这套金缕玉柙分为头罩、脸盖、上衣前后片、左右袖筒、左右手套、左右裤筒、左右脚套等部分，它的外观和人体形状相同。玉衣全部由玉片拼成，并用金丝加以编缀。玉片大小很规整，整件玉衣十分精美。

十余年才能做一件这样的衣服

　　制作玉衣是一个非常复杂的过程，玉片大小、形状不一样，每一片玉片都必须经过精心的设计和细致的加工。据推算，汉代制作一件玉衣，大概需一名熟练玉工耗费十余年的时间。

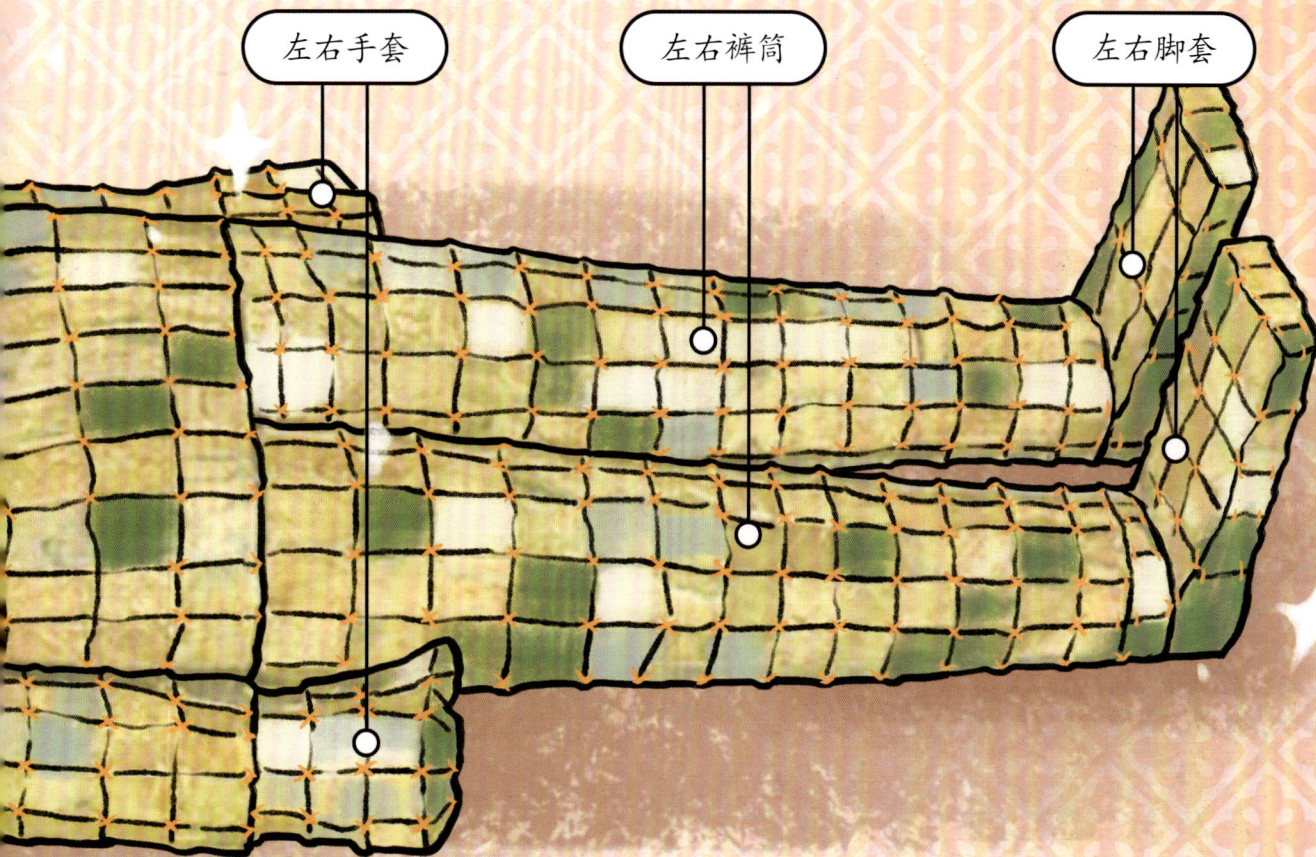

左右手套　　左右裤筒　　左右脚套

长 182 厘米

保鲜的神话

古人用玉制作殓衣，是因为人们认为玉能"保鲜"，使尸体不腐烂。汉代的帝王贵族让人将玉片用线连缀起来，制成衣服，裹住尸体，期待自己的尸体不腐烂，还可以再生。但实际上，多年后玉柙里的尸骨全都朽烂了。

有玉衣护体，来世还能再见！

平民百姓不可能有金缕玉衣

在汉代，可不是人人都可以在去世后穿上金缕玉衣，只有帝王贵族才可能穿上。金缕玉衣象征着帝王贵族的身份。

从玉覆面到玉衣

　　以玉作为随葬品最早出现于新石器时代。西周时期出现了玉覆面。玉覆面是指人死后在其脸上掩盖丝织物上缀以玉石片制成的人脸型面罩。到了西汉早期，发展成头套、手套、鞋套三个部分组成的"玉衣套"。西汉中期，又有了上衣、裤筒等部件，形成一套完整的玉殓衣。

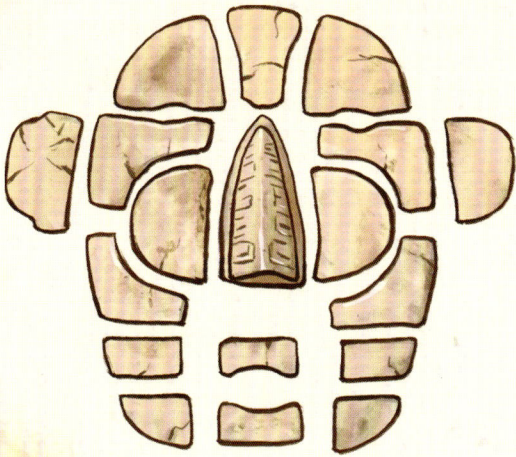

玉覆面

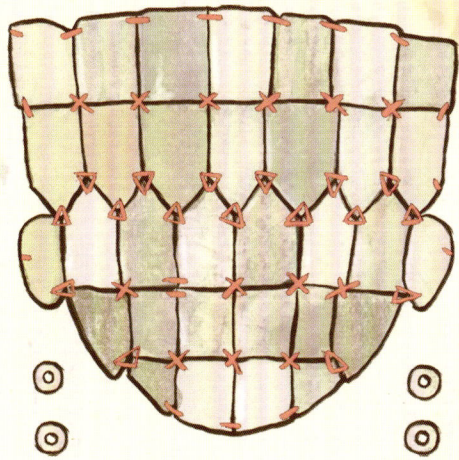

从此没有玉衣护体了。

禁止

被废止的金缕玉柙

　　制作一件金缕玉柙耗资巨大，是对物质的极大浪费。到三国时期，魏文帝曹丕下令禁止使用玉衣，此后金缕玉柙便再也没有出现过。

击鼓说唱俑

【出土信息】 1957年出土于四川省成都市天回山。
【国宝简介】 东汉时期陶器。高56厘米，材质为陶。

好卖力的表演者

你看到这件文物的第一眼是不是就忍不住面露笑意？俑头上戴帻，额前有花饰，袒胸露腹，两肩高耸，下身穿着长裤，赤脚，右腿高高扬起。他笑口大开，露出上排牙齿，眼睛满含笑意，面部表情很是生动，非常具有感染力。他左臂环抱一圆形扁鼓，右手高扬鼓锤，做出将要敲鼓状，看起来真是一个很卖力的表演者呢。

高56厘米

宫廷宴会上的逗笑角色

　　击鼓说唱俑再现了汉代说唱俳优的形象。在宫廷宴会上，人人都爱看俳优的表演。他们说话幽默，表演滑稽，能逗得人们哈哈大笑，助兴起哄是他们的拿手好戏。

拥有俳优是身份的体现

　　两汉时期，社会经济得以恢复发展，乐舞、杂技、说唱艺术等民间娱乐活动蓬勃兴起。那个时候，宫廷也盛行蓄养俳优之风。很多王公贵族都以拥有俳优为荣，拥有俳优更是高贵身份的体现。达官贵人每次豪游宴饮，都要命俳优表演作为消遣。

俳优的社会地位低下

　　俳优大多是侏儒，短粗的身材加上夸张搞笑的动作和表情，更容易起到逗笑的效果。俳优多来自穷苦人家，社会地位低下，用搞笑的说唱表演来艰难生存。

讽谏型俳优

　　其实，很多俳优在取悦君主的同时，还会讽谏君主的一些错误想法。《史记·滑稽列传》中记载了一位秦朝的俳优优旃，他虽是不起眼的喜剧人，却有着忧国忧民、直言善谏的高尚品格。

成都平原发达的民间艺术

　　东汉时期的说唱俑大部分出土于四川地区。为什么这里出土的说唱俑会比较多呢？因为两汉时期，受惠于都江堰等水利灌溉工程，成都平原土地肥沃，百姓生活富足。有了富足的生活，人们便开始追求精神上的娱乐，因此各种民间文化艺术十分活跃，比如杂技、舞蹈、说唱等等。

为什么说唱俑会在墓葬里？

　　击鼓说唱俑出土于东汉时期的墓葬，是东汉时期的随葬品。这颇富生活情趣的击鼓说唱俑为什么会被当作随葬品？其实是因为汉代随葬之风盛行，汉墓中常有各种各样的随葬陶俑，说唱俑是其中最生动最富有生活气息的一类。

为何用陶土做俑？

　　考古工作者在很多秦汉墓葬里发现的俑都是用陶土制作而成的，为什么那时的人们会偏爱用陶土这种材料呢？

　　一是陶土更容易获得，人们就地取材就能挖到土，相比青铜和铁等需要冶炼的金属来得更为容易，成本自然也更低。二是俑的表情、尺寸、服饰各不相同，需要工匠精确地呈现出来，制作工艺复杂，陶土可塑性强，便于塑造各种形状，能很好地帮助工匠实现这些复杂的工艺。三是陶土烧制后有一定的硬度，好保存。

三彩釉陶载乐骆驼

【出土信息】 1957 年出土于陕西省西安市鲜于庭诲墓。
【国宝简介】 唐代陶器。骆驼头高 58.4 厘米，首尾长 43.4 厘米，舞俑高 25.1 厘米。这件三彩载乐骆驼陶俑，是盛唐时期三彩釉陶器，是唐三彩中的精品。

首尾长 43.4 厘米

舞俑高 25.1 厘米

骆驼头高 58.4 厘米

充满异域风情的唐三彩

骆驼、胡人、胡乐……这是一件充满了异域风情的唐三彩。负重前行的骆驼昂首挺立，骆驼身上驮载了五个汉、胡成年男子。中间一个胡人在跳舞，其余四人围坐演奏。整个陶俑造型生动，釉色鲜明润泽，代表了唐三彩的最高水平。

他们用的什么乐器？

陶俑中四人手中的乐器仅残留下一把琵琶。据推测，应该是一人拨奏琵琶，一人吹筚篥（lì），二人击鼓，这些都是胡人的乐器。五位艺人居然能在小小的驼背上歌舞，可见当时艺人的技艺有多高超。

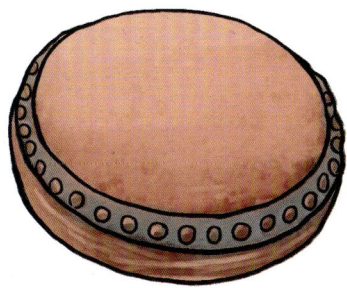

鼓

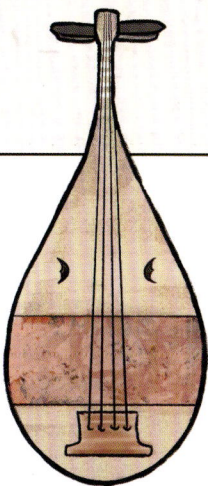

琵琶

筚篥

胡风盛行的唐朝

唐代，丝绸之路畅通繁荣，为中原带来西域各民族的风俗文化，中原一时间胡风盛行。所以，在很多唐三彩上，我们都能看到胡人、胡马、胡乐等胡风气息。

什么是唐三彩?

唐三彩是在唐代盛行的一种彩色釉陶器，属于陶俑的范畴。黄、绿、白是成品中使用最多的三种颜色，所以就有了唐三彩这个名称。

唐三彩不止三种颜色

其实唐三彩不止三种颜色，"三"在古代还有"多"的意思，所以"三彩"实际上是多彩的意思。在唐三彩上，我们还能看到蓝、紫、黑等颜色。

唐三彩中动物形象多为马和骆驼

在现已出土的唐三彩中，动物形象多为马和骆驼，这和当时的时代背景有关。骑马在唐代是一种社会潮流，唐人特别爱马。当时，唐人从西域引进了不少身姿矫健的良种马，深受贵族的青睐，所以马就成了唐三彩中数量最多的动物造型。而唐三彩中骆驼造型多，和当时繁荣的对外贸易有关。丝绸之路是唐代对外贸易的交通要道，丝绸之路上主要的交通工具就是骆驼，所以在唐三彩中，经常出现具有西域风情的胡人骆驼俑。

精彩的长安百戏

载乐骆驼其实是长安百戏中的一个节目——双峰骆驼身高一般 2 米左右，5 个成年男子在驼背没有围栏的平台上载歌载舞，身手敏捷地做着高难度动作。百戏是古代乐舞杂技表演的总称。在唐代，百戏可是非常盛行的一种演出。百戏节目精彩纷呈，有高空走绳索、驯兽等各种杂技表演，还有参军戏、歌舞戏等戏剧，唐人的娱乐生活是不是很丰富？

寻"国宝"之旅开启！

小朋友，我们的寻"国宝"之旅开始啦！如果在中国国家博物馆里你找到了下面的国宝，就在国宝旁边的方块里打上"√"，最后，一起看看你找到了几件国宝吧！

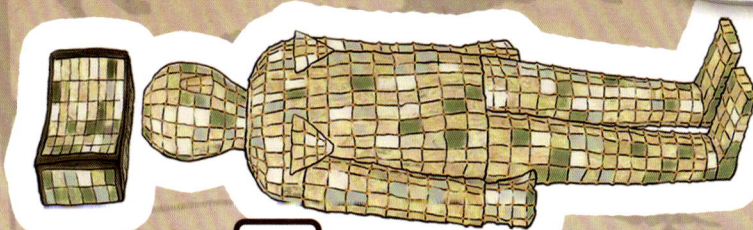

我们的寻宝
之旅成功啦！

图书在版编目（CIP）数据

中国国家博物馆 / 玉兰童书著. -- 石家庄：河北
少年儿童出版社, 2025.1. -- (带你去逛博物馆).
ISBN 978-7-5595-6613-3

Ⅰ. G269.2-49

中国国家版本馆CIP数据核字第2024DL6870号

带你去逛博物馆

中国国家博物馆

ZHONGGUO GUOJIA BOWUGUAN

玉兰童书 著

出 版 人	段建军		美 术 编 辑	陈伟康
选题策划	李 爽 赵玲玲		特 约 编 辑	王瑞芳
责任编辑	赵 正 任立欣 张文越		装 帧 设 计	赵 晨

出版发行	河北少年儿童出版社
地　　址	石家庄市桥西区普惠路 6 号　邮政编码 050020
经　　销	新华书店
印　　刷	鸿博睿特（天津）印刷科技有限公司
开　　本	1 000 mm×1 200 mm　1/16
印　　张	3.25
版　　次	2025 年 1 月第 1 版
印　　次	2025 年 1 月第 1 次印刷
书　　号	ISBN 978-7-5595-6613-3
定　　价	49.80 元